Doy gracias a quienes se fueron,
a quienes en mi vida me oyeron,
a esas dos personas que todos mis
poemas leyeron,
y a quienes dentro de ellos se refugiaron.

En memoria a todos los que
hemos deseado que nuestras
historias no terminen.

S.M

No sé si aún recuerdes cada momento
que pasamos juntos,

dónde la felicidad volaba
como mariposa por el cuarto,

aleteaba tanto
que tus ojitos arrojaban un gran brillo
por cada paso que dabas.

hoy en día esa mariposa perdió cada brillo
que le quedaba, y ya no tiene fuerzas
para deleitarnos con ansias
como en sus inicios nos enseñaba.

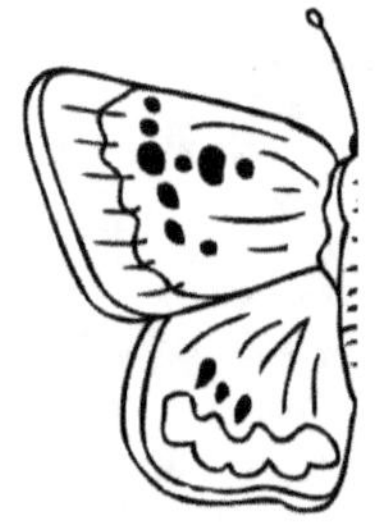
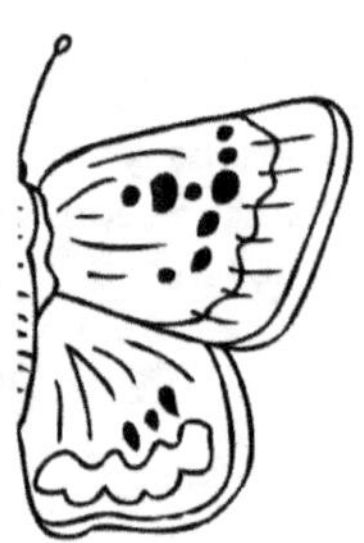

Hablame de cuántas veces lloraste sin cesar,
sintiendo la ansiedad brotar,
y agarrandote de la cabeza
por el sufrimiento que sentias.

Hablame, pero hazlo con sinceridad,
deja ya de ocultar lo que sientes
y siente sin ocultar lo que piensas.

Suena sencillo y hermoso a la vez,
pero aún sintiendo miedo hazlo,
para que veas
tu cuerpo renacer.

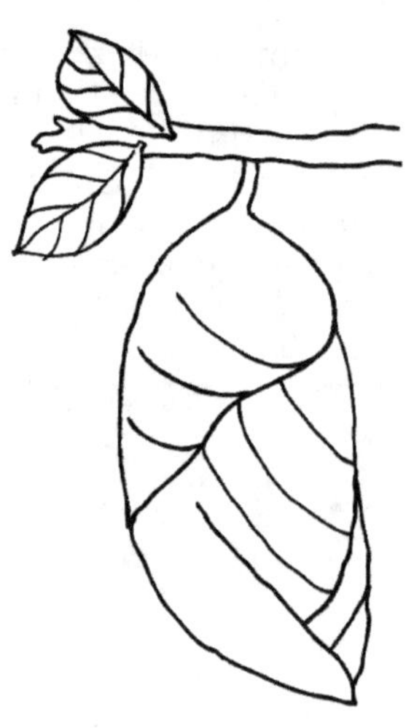

Ahora no hay paz, tampoco hay amor,
no hay algún sentimiento
ni ruidos que perezcan en nuestro alrededor.

espero y el viento te haga ver
lo que mis palabras no pudieron expresarte,

que al tocarte la brisa
tu sientas cada caricia
que en esos hermosos días
yo te daba sin miedo
a lo que las malas miradas nos dirian.

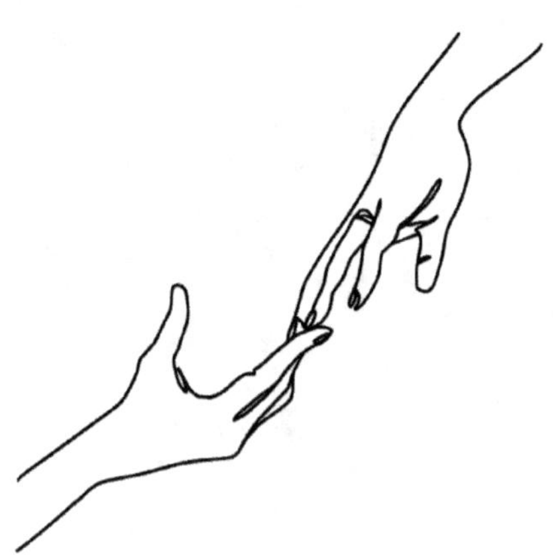

No me sueltes,
antes de eso ven y abrázame,
después de ello desaparece
y al final no regreses,
porque tú tiempo ya expiró
cuando decidiste dejar nuestros cuerpos, al olvido...

Aún te recuerdo...
recuerdo perfectamente
esas caricias que me dabas
Y como llegabas corriendo
a mi lado desbordando alegría.

Era hermoso ver el cariño genuino que reflejabas
y como salíamos a cualquier lugar
y se sentía una paz
que con ningún ser viviente yo sentia.

Solía reír a tu lado
y llorar junto a tu compañia,
sabía que la soledad no existía
porque conmigo yo te tenía,
y es triste ver cómo ya nada de eso existe hoy en día.

Pasaron días, meses y años,
segundos, minutos y horas
y aún extraño el calor
que sentía al darte un abrazo.

Sabia que nada era para siempre,
pero te juro que yo quería que tú si lo fueras.

Atesoro mi memoria
porque no olvida
cada bello momento que pase contigo,
atesoro las fotografías
porque en ellas quedaron
impregnadas recuerdos
que no dejaré en el olvido.

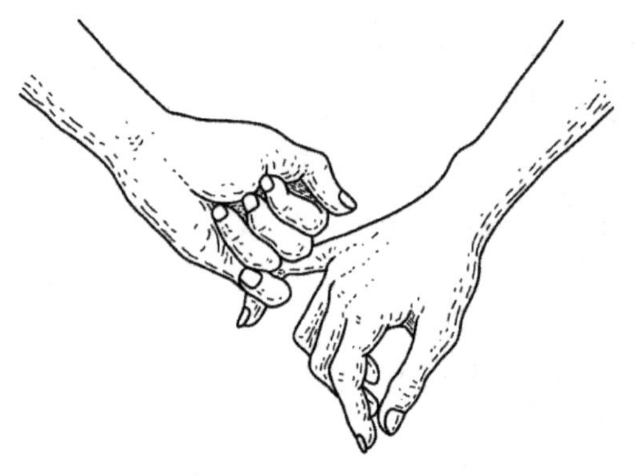

¿Existirá algún lazo entre nosotros dos?

Y si es así, ¿será este nuestro momento?
o es momento de esperar
a que se acomode el tiempo
y nuestra cita se de por primera vez.

O debo estar en esa fila
escalando con mis pasos
que se ven gigantes pero son tan diminutos
y por eso no se ven.

Espero o me voy,
me voy y no regreso
o deslizo nuestra página y luego la releo.

¿Que hago?
¿Que sigue?
¿Que decido?
¿O serás tú la que decide?

Es tan complejo el pensar que los lazos se crean,
y que damos tantas vueltas
para que al final estemos juntos,
y reírnos al recordar
estos pensamientos tan absurdos
que no nos dieron respuesta en nuestra vida.

Si tuviera que decir
cuál fue el mejor momento que pase contigo,
diría que fue:
cuando sentía tu cabeza
recostarse en mi hombro.

Esto es para ti,
para ti que pocas veces te pongo de prioridad
y que nunca te he visto con amor
como el que doy a los demás.

Para ti,
para mi,
para ese ser que no tiene a alguien a quien acudir.

No eres dificil de amar,
tampoco malo para lograr tus metas,
no eres lo que dices en momentos tristes
y de angustia.

No eres eso, no eres aquello y no lo serás.

Eres bueno, increíble y muy talentoso.

Calla esa voz que te bajonea,
esa que no te deja en paz,
esa que nos mata cada día más.

Te amo, te ame y te amare
no lo olvides, no te alejes,
no pierdas el hermoso ser que eres...

¿Dónde estás?

¿En qué lugar estaremos?

¿Tu y yo si nos reencontraremos?

Tantas dudas
y tantos recuerdos que quitan sueños.

No sé, no sabré
y no sabremos el por que de tantos pensamientos.

¿Cómo es que no estás?

¿Cómo saber si verte era real?

¿Cómo volver a creer en promesas falsas?

Cómo es que sigues sin mi
y yo no dejó de hundirme,
en este mar sin fin visible.

Abrázame,
pero hazlo con
mucha fuerza y cariño.

Recuérdame,
en cada poema, caricatura y hasta en tus preciados abrigos.

Escúchame,
en la música que tanto nos gustaba y en esos pájaros que te
parecían muy ruidosos.

Hablame,
aún estando fuera de tu vida o cuando me quedo dormido.

Pon pausa a esos ruidos,
a esos lloriqueos,
que hacen lagrimear esos bellos ojitos
y a esos momentos
que te hacen sentir incómodo.
y cuando te sientas mejor,
solo llamame
y verás como te alegro sin mirar el reloj.

Supe que estabas enamorada de mi,
cuando tus ojitos no paraban de ver
cada pequeño detalle en mi.

ahi fue cuando ví y entendí,
que por primera vez tu y yo
brillabamos más allá de lo que nuestros
corazones en todo este tiempo nos enseñaron.

Y toque la puerta de mi corazón,
Con miedo en mis manos lo hice,
Tantos años callando esto
Hasta que en llantos yo me deshice.

No sabía cómo hablar con ese ser igual a mi,
Me miraba extraño porque no lo había visitado,
Era raro estar ahí,
No sabía ni como saludarlo.

Lo mire de pies a cabeza
Y el estaba tan destruido
pero aún de pie, como si no pasara nada.

Lo mire a sus ojos
Y estaban tan apagados,
que ni un abrazo le quitaba
esos ojos de perezoso
que llevaban consigo tantas penas.

Hace cuánto que no lo visitaba
y verlo así me rompía el alma
lo descuide tanto que nada lo sanaba.

Desde ahí y desde aquí
senti como el ya no quería continuar con su vida

Si para otros no era valiente,
ante mis ojos
era un guerrero sin espada,
Que lucho hasta quedarse sin alientos para levantarse
de nuevo a recibir una nueva batalla.

Aún después de saber que te ibas,
preferi vivir mis últimos momentos
con tu compañía,
que toda una vida
soñando con un "hubiera"...

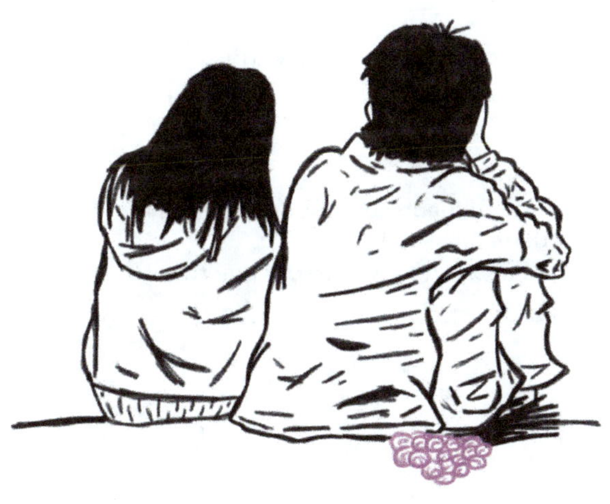

Al final,
al igual que una vela,
Tu aún agotandote.

Sigues llenando cada espacio
oscuro y vacío.

Aún cuando parece que nada se ve,
Llegas aclarando los objetos poco percibidos.

Derritiendote, es cuando entiendo,
que al estar cerca de ti
puedo estar en compañía del calor.

Realmente,
Dentro de tu fuego florece un gran amor,
uno que se cultiva
con gran resplandor y hace denotar tu valor.

¿Y es aquí donde esto debe decir "FIN"?
No crei imaginar que esto sería un cortometraje,
Al menos el paraíso si fue como lo leí
Pero el final es como siempre presentí
Y es triste que esto no tendrá un: "nos vemos al día
siguiente"

Fue tan inesperado,
pero ya estaba planeado,
aunque en nuestra ignorancia no lo creamos

Un final
con un fin
que no se veía por lo feliz que estaba siendo estar junto a ti

Y como último acto antes de partir,
Te expresaré por medio de este poema todo lo que un día y
hasta este día yo por ti sentí.

Pude compartir contigo momentos
que en mi vida se quedarán plasmados,
porque fueron hermosos
y dentro de ellos
yo no podía dejar de ver tu sonrisa
que a mi vida luz le daba,

O cuando tu cuerpo y el mío se abrazaban,
era una conexión tan grande que el tiempo celoso
quiso que todo esto
de alguna forma a su final llegará.

Tomar tu mano y sentir como los dedos se entrelazaban
me hacía imaginar una vida,
tanto futura, como pasada,
no sé que me pasaba
pero tú sola presencia a mi alma con mucha locura
alegraba.

Y ahora hago está carta en forma de poesía
para despedir todo eso que en mi vida yo anhelaba.

Y no acepto tu amistad
y no por grosería,
sino que no puedo ver esa puerta entreabierta
ya que la nostalgia a mi cuerpo irrumpiria,

Y no deseo sufrir más,
porque ya con tu sola presencia mi cuerpo desea hundir
cada pequeña esencia
de lo que un día fue eso que construimos creyendo que no
tendría algún final.

Y he aquí mi final,
desearía poder continuar
pero al igual que nuestras vidas
debo de cortar esto hasta aquí,
para no tener que entregar
esta carta entre más de mis tristes lágrimas

Desearía volver y no cometer de nuevo esos errores que nos
llevaron a estar distanciados,

Hablar,
y no callar todo eso que ansiosamente dañaba mis
pensamientos
Y mi boca siempre dejo guardados

Hacer algo diferente,
al menos así te tendría a mi lado para siempre,
o eso hasta que tú vueles de mi lado hasta despedirte por
siempre

Y son deseos míos
porque se que no se cumplirán,
anhelos de un ciego que amo tanto,
pero todo ese amor por callarlo lo tumbó,
dejando así un triste final

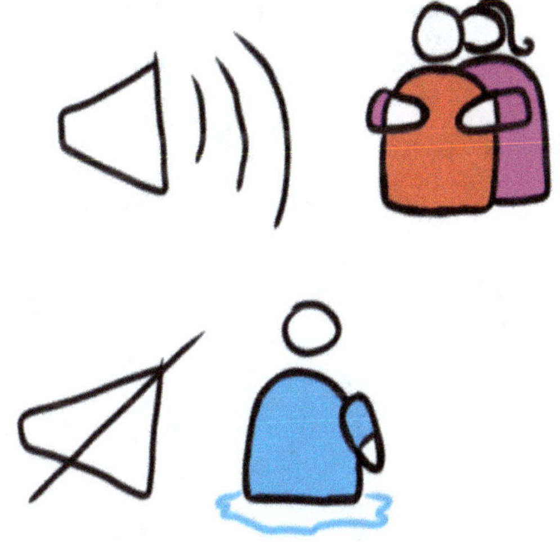

Odio tanto mi forma de ser,
odio tanto ver cómo pierdo a las personas por no saber
querer,
odio muchas cosas de mi ser.

Es un odio inmenso
y quiero dejar de odiar todo esto,
pero no sé cómo mejorar por mi bien
o bien será que no se dejar atrás por miedo a perderme.

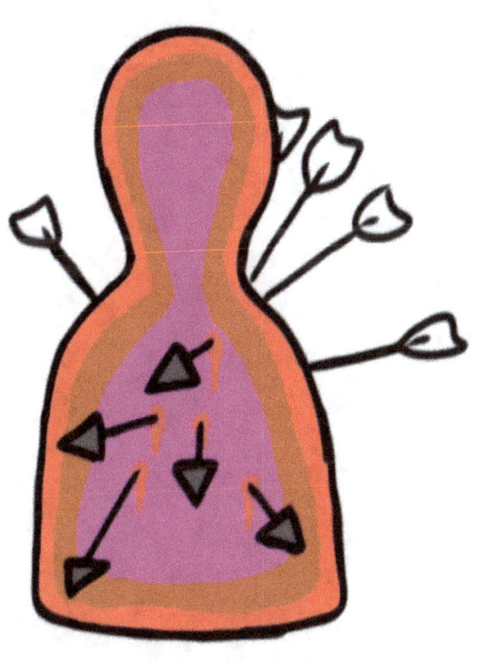

Calla calla corazón
que duele mucho escuchar
que ya no estará
la persona que tanto quiero...

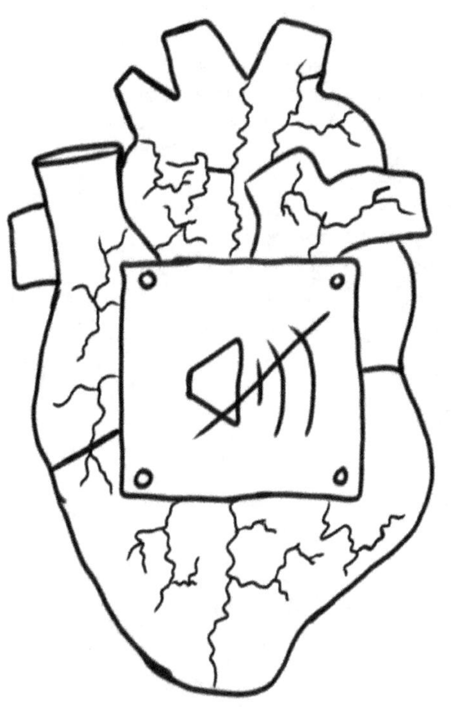

Poco a poco te estás yendo
y desearia decirte tanto, pero...

¿Servira de algo?
¿Te quedarás si te explico lo que siento?

Reprimo tanto mis sentimientos
y siento que está lejanía que se está dando
un día de estos me terminará asfixiando.

Olvídalo,
ya tu partida se está aproximando,
prefiero seguir callando esta tristeza,
aún sintiendo este vacío en el pecho,
y decir adiós,
aún cuando no es lo que mi corazón está deseando.

Memories

No sé si soy poeta,
solo quiero callar todo lo que a mi alma atormenta,
apagar de una vez lo que se repite como bucle que no
recuerda lo que proseguía,

La trama se dañó desde aquel día,
y tristemente ningún ser puede arreglar esos daños que las
tormentas arrasaron sin miedo a lo que a su paso dejarian.

¿Es una dicha o una agonía?
volaremos tanto que nuestras plumas se pierdan en cada
trayectoria,
y ojalá no toparme un cable que electrocute todas mis
historias.

Love

Yo también te espere por horas bajo la lluvia,
no temía a resfriarme porque la recompensa lo valía,
o eso mi ingenua mente creía.

Porque a pesar de todo,
esa puerta con candados seguía,
y como un payaso
las personas de mi se reían.

Solo sus risas se escuchaban
y no me importaba,
pero después de horas decepcionado me fui,
porque no hallé tu voz,
aún cuando la busque sin fin.

Y aunque no lo creas,
un dolor en el corazón y en las manos correctas
puede producir mucha poesía

Convertiría el agua
en conversaciones profundas.

Haría que el fuego
sea una llama dónde dos cuerpos en sentimientos hagan
que se consuman.

Traería tierra,
porque de tanto abonarla saldrían nuevos temas.

Y las piedras no quedarían atrás,
por muy duro que suene siempre se hablará con la realidad,
haría que una musa viva por siempre y que no sea falsa
dicha eternidad.

Poetry

¿Un trago ahogara tanto dolor?
¿Una gota de alcohol podrá callar mis pensamientos?

¿Lo hará? ¿Lo tomaré?
¿O quizás de algotra forma los callaré?

No sé ni cómo responder,
es difícil cuando no has tenido por quien correr,
al menos un abrazo me sentaria bien.

Quizás en un atardecer pueda ver qué hacer,
o en el ruido del mar encuentre paz para que mi cuerpo
pueda perecer,

Es inevitable no sentir y más cuando eres tan sensible,
es inevitable no sonreír y más cuando la tristeza te consume,
es inevitable todo tipo de sentimientos,
porque de ellos vivimos en constante trasiego

Memovies

Escucho tanto ruido
y se nota que la paz en este cuarto se a perdido

¿Sere yo?
¿O son esos incesantes lloriqueos?

Aún cuestionando de dónde proviene tanto alardeó
yo sigo viendo en el espejo
a quien no sale de su cuarto

Se nota que el miedo lo ha dejado como un yeso
y su prisión es peor por tantos pensamientos que lo van
desgastando

Aún queriendo irse debe aprender a callar tanto ruido de
soledad,
al menos así podrá decidirse en si abrir la puerta o morir
encerrado por sus penas.

Aún estando cerca
me siento vagamente lejos,
se ha vuelto común ver cómo nuestras almas se alejan
y nuestras miradas se ven
así sea de reojo.

Alzó la bandera lo más alto posible
intentando ver si algún tipo de paz entre esta batalla se
consigue,
o si nuestras manos seguirán desgarrando los corazones de
quienes tanto sienten.

Espero no hundirme en guerra
para poder abrazar por última vez a quien tanto intenta
degollar mis últimas palabras.

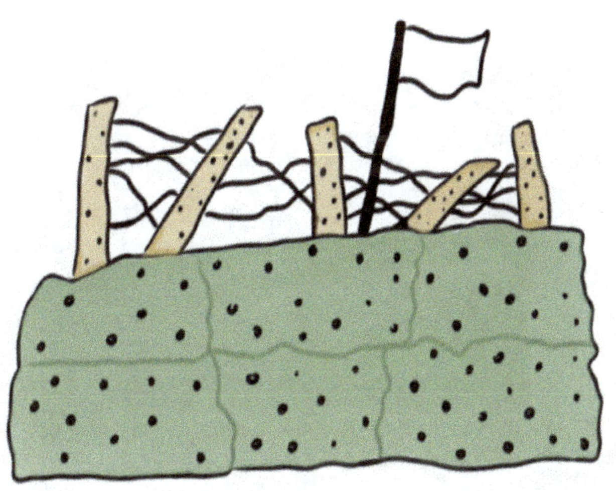

Y si,
dicho dolor se convirtió en sabiduría,
dichas lágrimas se volvieron poesía,
y ese abrazo seguirá dejando un hueco en mi alma fria,

Dijimos tanto aún sabiendo que al otro lo destruiría,
uno se expresó con nervios y miedo a lo que pasaría,
y la otra ocultando tanto y expresando todo lo que su alma
sentía.

Ojalá algún día,
estás dos pobres almas que ahora vagan entre caminos sin
pasaportes que los devuelvan,
puedan reencontrar lo que esa noche perdieron con tanta
tristeza.

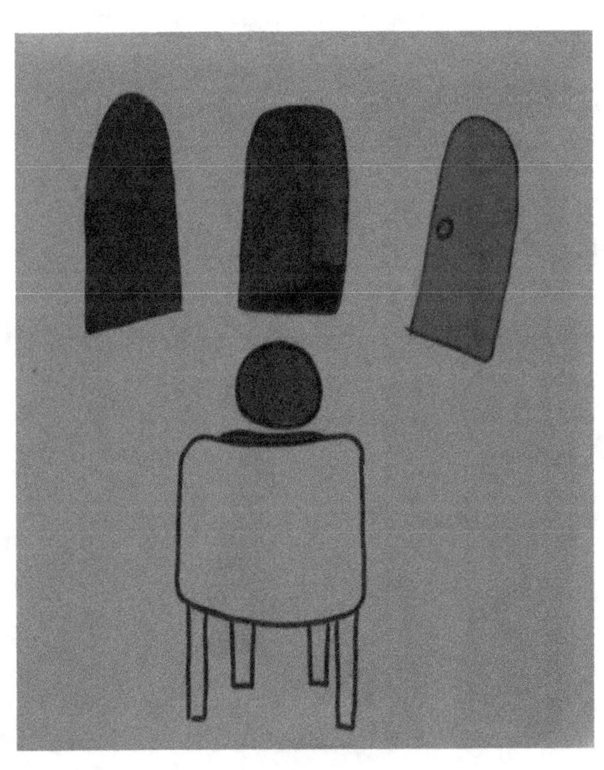

Y aún cuando quería verte,
cuando quería hablarte,

Las palabras se quedaron ahí en mi lengua,
no salían por más que deseaba que así fuera

Nos íbamos alejando y por más que iba volteando
con el anhelo que tú también lo hicieras,
no fue así o así lo sentí yo.

Creo que haberme guardado tanto fue el peor error
pero ya era tarde para remediar lo que me gritaba el
corazón...

Ojalá haber podido hablar,
poder preguntarte y decirte:
"¿mañana deseas que volvamos a vernos acá? O si gustas
podemos ir a cualquier otro lugar"
pero por más que veía que seguías tu camino sin mirar
atrás,
yo también seguía el mío,
pero en mi mente una vida junto a ti se proyectaba.

Primera vez que coincidia con una persona que era sincera
al hablar,
y fue la última,
porque ni nuestros números nos logramos pasar...

A veces creemos que no sentir es la mejor opción,
porque de esa manera no se nos daña nuestro sensible
corazón

Pero aún así estamos sintiendo,
aún apagando las luces podemos encontrar un rayito de
luminosidad,

En lo más mínimo siempre vivirá una gota de alegría o
tristeza,
aún reprimiendo las cosas
semillas de amor en flores se tornan,
y las aves siempre vuelan sin importar la tormenta.

Maneje tantos kilómetros deseando encontrar un río para
saciar mi sed,
tantos metros caminando por desiertos que empezaba a
perder la fe.

Veía multitudes atacarse sin una pizca de empatía en su ser,
hablaba pero no era escuchado por nadie,
y quisiera empezar a caminar sin miedo a descender,
pero el temor es tan grande que carcome hasta a el más
valiente.

Aquí donde me ves,
solo busco correr,
sin frenos,
sin pensamientos,
sin miedo,
sin algún sentimiento negativo que me desvíe de la meta al
final de este game, que puede terminar en over.

Hace mucho que no te veo,
estás ahí y siempre lo estarás
pero solo de reojo es que te noto o en su mayoría cuando las
lámparas empiezan a brillar

Formas paisajes que sorprenden a muchos y no lo negare,
conmigo es igual

Muchos conversan contigo porque guardas a la perfección
todo secreto,
eres confidente de algún corazón roto,
un corazón fantasioso, un corazón gozoso.

Alagada por muchos y musa de varios poetas,
la principal frase de varios poemas y la que enamora a
cualquier ser dentro y fuera de estas tierras.

Los festejos en el trascurrir de los años se han vuelto cada
vez más tristes,
muchos que amamos nos han dejado por varios sucesos,
que sin querer son involuntarios,

El árbol por más luces que le pongas no dejara de tornarse
gris en ese gran cuarto,
y dar un feliz año ahora es por medio de un vídeo porque
nos encontramos lejos de quienes apreciamos

Creía que la navidad era la mejor de las festividades,
pero cada año que pasa siento que un día no podré darle un
abrazo a los que me quieren,

Ojalá los buñuelos sigan calientes y la mesa esté llena para
festejar este diciembre
sin penas y con miles de hermosas emociones.

Cómo pasamos de decirnos "te espero a lo que llegues cariño"

A un "este usuario no se encuentra en tu lista de amigos"

Mensaje
Agregar Amistad

Vivirás por siempre en cada libro que escriba,
vivirás hasta que no me queden alientos para escribir,
hasta el último día,
hasta la última noche que no pueda tomar mi lápiz.

Nada cambia,
nada es nuevo,
nada dejara de ser como se ha visto en mucho tiempo

Aunque quiera que esto cambie prefiero dejarlo,
al menos así no perderé más vidas por tantos intentos

Nada, nada, nada

Así seguiremos hasta que el reloj marqué su hora final
para ver a esta alma
embarrada de tanto anhelar
un cambio en su fúnebre vida

¿Hola?

Se que me escuchas y espero puedas comprender lo que te
deseo decir.

Decir adiós no era mi plan,
alejarme no era lo que deseaba,
los problemas tenían solución
y hablar creo que los arreglaba

Ese brillo en tus ojos,
esas curvas que tú sonrisa formaba,
ese olor tan dulce que tú cuerpo emanaba
y tus locuras a mí corazón alegraban

Tantas cosas que me hacian tan feliz, hoy en día ya no
existen y eso me duele profundamente porque no quise que
terminará así.

Sentía una gran paz cuando podía estar entre tus brazos,
cuando mi corazón con el tuyo se empezaban a sincronizar,
es difícil ver cómo dichos lazos,
hoy en día con tanta amargura se comenzó a quebrantar.

¿Y ese mensaje llegará?

¿Podré tener el privilegio de conversar contigo una última
noche antes del año finalizar?

Desearía que entre tantos archivos tu nombre se hiciera
presente,
pero es tu ausencia lo que anhelo inmensamente.

¿Por qué sentir duele?

¿Por qué debemos estar tan lejos, pero tan cerca ya que
vivimos en la misma ciudad?

Amar no debería doler,
pero desearía verte por última vez,
o al menos tener más tiempo en mis sueños,
aunque por dentro tengo muchos anhelos
verte sería la cura de mis desvelos,

¿Ves lo que le haces a este pobre ser?

Aunque tú no eres culpable de lo que por ti yo siento,
soy yo quien se ilusiona y sufre en silencio,
esperando ver,
un nuevo amanecer.

Agonia y cero paz,
eso hacías verle al mundo,
eso y nada más,
no era lo que a mí me enseñabas y eso me preocupaba,
no sabía si algún día tu con tu vida ibas a finalizar
o si realmente vivir era lo que anhelabas

esa combinación de un alma fria y otra sensible
ante seres inferiores era algo terrible,
y sabía que era inaceptable,
pero para mí era más rentable ese amor,
que seguir siendo parte de un show que solo generaba
terror

En mi corta vida no he recibido un poema,
una carta, una canción, ni siquiera un dibujo.

Eso me hace pensar en:

¿si realmente soy importante o solo están ahí porque si?

Solo migajas he recibido,
pero yo doy tanto sin cansarme y aunque nunca nada pido
realmente con ansias siempre lo he querido,

¡Es tan desesperante!
que no se si me tratan como un simple amante
o solo me pasa por no esperar a que eso pase,
aunque siempre he dado tiempo y mucho más que el de
un partido,
parece que jugar en tiempo extra no servirá y menos si
solo estoy jugando por 30 segundos y eso ya va más que
perdido.

Y recuerda que no está mal aceptar tus errores,
porque también dañamos a quienes queremos,
y no reconocemos como apagamos esos hermosos colores,
que un día iluminaron nuestras almas
aún teniendo consigo varios desvelos.

Espero un día dejar de gatear,
caminar y poder ver tu cuerpo con el mio hacer magia,
correr sin perdernos en el camino,
aún cuando no conozcamos las calles por las que vamos
navegando.

Espero que esos días lleguen,
los anhelo demasiado ya que mis noches claras se han
tornado.

Ojalá y las nubes no caigan,
porque no sería conmovedor ver cómo caen con tristeza tus
lágrimas.

Ya es tarde, iré por un café
¿Me acompañas?

Coffee

-Doleras cuando te vayas de mi vida.

Y al final si fue como predije aquel día,
sabía que ibas a doler si te ibas
y nada ni nadie pudo detener dicha despedida...

Siempre juntos,
aún si el camino puso destinos diferentes

Cuando crei que la solución era el descenso de
mi cuerpo al vacío, fue cuando note que las
mariposas también pueden volver a tomar vuelo

Ahora
Dilo pero,
Intenta que tus
Ojos no
Se vuelvan a empañar

En un cuarto lleno de silencio
el único ruido que encuentro
es el de mis agobiantes pensamientos

Nuestros actos traen consigo grandes
penumbras como sorpresas,
A veces vas a estar riendo y en otras tus lágrimas
no serán de felicidad sino de una gran tristeza

Quiero limpiar todo recuerdo que entre nosotros
puede existir,
Pero tendría que barrer por siglos sin descanso y
sabiendo que esto no tiene fin